İki Dilli Resimli Kitabım

Mein zweisprachiges Bilderbuch

Sefa'nın en güzel çocuk öyküleri tek ciltte

Ulrich Renz • Barbara Brinkmann:

İyi uykular, küçük kurt · Schlaf gut, kleiner Wolf

2 yaş ve üstü çocuklar için

Cornelia Haas • Ulrich Renz:

En Güzel Rüyam · Mein allerschönster Traum

2 yaş ve üstü çocuklar için

Ulrich Renz • Marc Robitzky:

Yaban kuğuları · Die wilden Schwäne

Bir Hans Christian Andersen masalı

5 yaş ve üstü çocuklar için

© 2024 by Sefa Verlag Kirsten Bödeker, Lübeck, Germany. www.sefa-verlag.de

Special thanks to Paul Bödeker, Freiburg, Germany

All rights reserved.

ISBN: 9783756305513

Oku · Dinle · Anla

İyi uykular, küçük kurt

Schlaf gut, kleiner Wolf

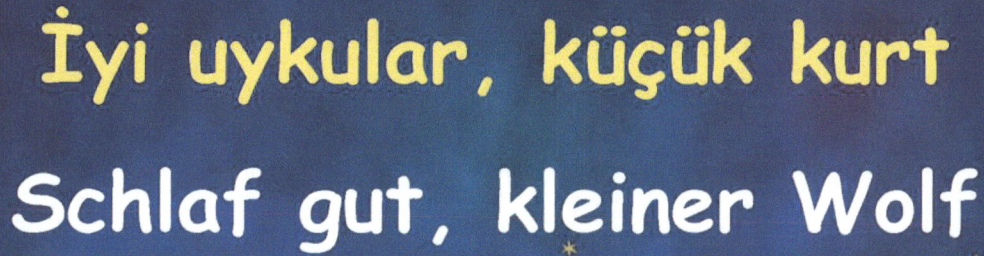

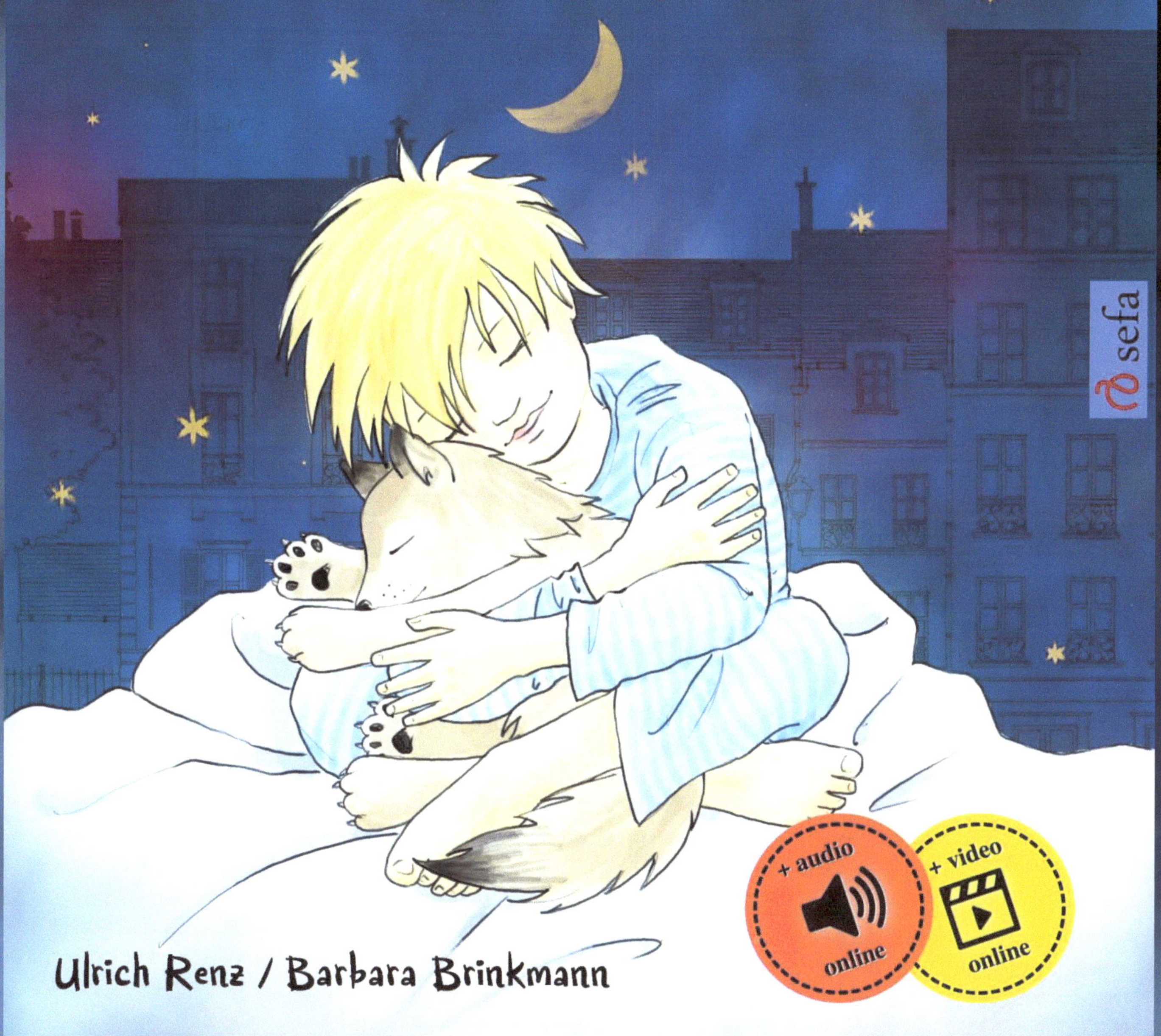

sefa

Ulrich Renz / Barbara Brinkmann

Türkçe | iki dilli | Almanca

Çeviri:

Şerife Aydoğmuş (Türkçe)

Sesli kitap ve video:

www.sefa-bilingual.com/bonus

Şifre ile ücretsiz giriş:

Türkçe: **LWTR2927**

Almanca: **LWDE1314**

İyi geceler Tim, yarın aramaya devam ederiz.
Şimdi güzelce uyu!

Gute Nacht, Tim! Wir suchen morgen weiter.
Jetzt schlaf schön!

Hava karardı.

Draußen ist es schon dunkel.

Peki Tim ne yapıyor?

Was macht Tim denn da?

Dışarı çıkıyor, parka gidiyor.
Orda aradığı nedir?

Er geht raus, zum Spielplatz.
Was sucht er da?

Küçük peluş kurdu!
Onsuz uyuyamıyor.

Den kleinen Wolf!
Ohne den kann er nicht schlafen.

Kimdir şurdan gelen?

Wer kommt denn da?

Marie! O da topunu arıyor.

Marie! Die sucht ihren Ball.

Tobi ne arıyor peki?

Und was sucht Tobi?

Vinçini.

Seinen Bagger.

Peki Nala ne arıyor?

Und was sucht Nala?

Bebeğini.

Ihre Puppe.

Çoçukların yatağa gitmeleri gerekmiyor mu?
Kedi çok şaşırıyor.

Müssen die Kinder nicht ins Bett?
Die Katze wundert sich sehr.

Şimdi kim geliyor?

Wer kommt denn jetzt?

Tim'in Annesi ve Babası!
Tim olmadan uyuyamıyorlar.

Die Mama und der Papa von Tim!
Ohne ihren Tim können sie nicht schlafen.

Bir çok kişi daha geliyor! Marie'nin Babası.
Tobi'nin Dedesi. Ve Nala'nın Annesi.

Und da kommen noch mehr! Der Papa von Marie.
Der Opa von Tobi. Und die Mama von Nala.

Hadi ama çabuk yatağa!

Jetzt aber schnell ins Bett!

İyi geceler, Tim!

Sabahleyin aramak zorunda değiliz artık.

Gute Nacht, Tim!

Morgen müssen wir nicht mehr suchen.

İyi uykular, küçük kurt!

Schlaf gut, kleiner Wolf!

Cornelia Haas • Ulrich Renz

En Güzel Rüyam

Mein allerschönster Traum

Çeviri:

Beyza Günsür (Türkçe)

Sesli kitap ve video:

www.sefa-bilingual.com/bonus

Şifre ile ücretsiz giriş:

Türkçe: **BDTR2927**

Almanca: **BDDE1314**

En Güzel Rüyam
Mein allerschönster Traum

Cornelia Haas · Ulrich Renz

Türkçe iki dilli Almanca

Lulu uykuya dalamıyor. Diğer herkes rüya görmeye başladı bile – köpekbalığı, fil, küçük fare, ejderha, kanguru, şövalye, maymun, uçak kaptanı. Ve aslan yavrusu. Ayıcığın da gözleri kapanıyor...

Ayıcık, beni de yanında rüyana götürür müsün?

Lulu kann nicht einschlafen. Alle anderen träumen schon – der Haifisch, der Elefant, die kleine Maus, der Drache, das Känguru, der Ritter, der Affe, der Pilot. Und der Babylöwe. Auch dem Bären fallen schon fast die Augen zu ...

Du Bär, nimmst du mich mit in deinen Traum?

Hemencecik Lulu ayıcık hayal dünyasına varıyor. Ayıcık, Tagayumi gölünde balık tutuyor. Ve Lulu ağaçların tepesinde acaba kimlerin yaşadığını merak ediyor.

Rüya bittiğinde Lulu daha da fazlasını yaşamak istiyor. Haydi gelin, köpek balığını ziyaret edelim! Acaba o rüyasında ne görüyor?

Und schon ist Lulu im Bären-Traumland. Der Bär fängt Fische im Tagayumi See. Und Lulu wundert sich, wer wohl da oben in den Bäumen wohnt?
Als der Traum zu Ende ist, will Lulu noch mehr erleben. Komm mit, wir besuchen den Haifisch! Was der wohl träumt?

Köpekbalığı balıklarla yakalamaca oynuyor. Nihayet arkadaşları oldu! Kimse onun sivri dişlerinden korkmuyor.

Rüya bittiğinde Lulu daha da fazlasını yaşamak istiyor. Haydi gelin, fili ziyaret edelim. Acaba o rüyasında ne görüyor?

Der Haifisch spielt Fangen mit den Fischen. Endlich hat er Freunde! Keiner hat Angst vor seinen spitzen Zähnen.

Als der Traum zu Ende ist, will Lulu noch mehr erleben. Kommt mit, wir besuchen den Elefanten! Was der wohl träumt?

Fil bir tüy kadar hafif ve uçabiliyor! Birazdan bir cennet bahçesine iniş yapacak.

Rüya bittiğinde Lulu daha da fazlasını yaşamak istiyor. Haydi gelin, küçük fareyi ziyaret edelim. Acaba o rüyasında ne görüyor?

Der Elefant ist so leicht wie eine Feder und kann fliegen! Gleich landet er auf der Himmelswiese.
Als der Traum zu Ende ist, will Lulu noch mehr erleben. Kommt mit, wir besuchen die kleine Maus! Was die wohl träumt?

Küçük fare lunaparkı izliyor. En çok hız trenini beğeniyor.
Rüya bittiğinde Lulu daha da fazlasını yaşamak istiyor. Haydi gelin, ejderhayı ziyaret edelim. Acaba o rüyasında ne görüyor?

Die kleine Maus schaut sich den Rummel an. Am besten gefällt ihr die Achterbahn.
Als der Traum zu Ende ist, will Lulu noch mehr erleben. Kommt mit, wir besuchen den Drachen! Was der wohl träumt?

Ejderha ateş püskürtmekten susamış. İçinden bütün limonata gölünü içmek geliyor.

Rüya bittiğinde Lulu daha da fazlasını yaşamak istiyor. Haydi gelin, kanguruyu ziyaret edelim. Acaba o rüyasında ne görüyor?

Der Drache hat Durst vom Feuerspucken. Am liebsten will er den ganzen Limonadensee austrinken.

Als der Traum zu Ende ist, will Lulu noch mehr erleben. Kommt mit, wir besuchen das Känguru! Was das wohl träumt?

Kanguru şekerleme fabrikasında zıplayıp, kesesini tıka basa dolduruyor. Mavi şekerlerden daha fazla! Ve daha fazla lolipop! Bir de çikolata! Rüya bittiğinde Lulu daha da fazlasını yaşamak istiyor. Haydi gelin, şövalyeyi ziyaret edelim. Acaba o rüyasında ne görüyor?

Das Känguru hüpft durch die Süßigkeitenfabrik und stopft sich den Beutel voll. Noch mehr von den blauen Bonbons! Und mehr Lollis! Und Schokolade!
Als der Traum zu Ende ist, will Lulu noch mehr erleben. Kommt mit, wir besuchen den Ritter! Was der wohl träumt?

Şövalye hayalindeki prenses ile pasta savaşı yapıyor. Tüh! Kremalı pastayı tutturamadı.

Rüya bittiğinde Lulu daha da fazlasını yaşamak istiyor. Haydi gelin, maymunu ziyaret edelim. Acaba o rüyasında ne görüyor?

Der Ritter macht eine Tortenschlacht mit seiner Traumprinzessin. Oh! Die Sahnetorte geht daneben!

Als der Traum zu Ende ist, will Lulu noch mehr erleben. Kommt mit, wir besuchen den Affen! Was der wohl träumt?

Nihayet maymunlar dünyasında kar yağdı! Maymunlar çetesi sevinçten çıldırıyor ve maskaralık yapıyor.

Rüya bittiğinde Lulu daha da fazlasını yaşamak istiyor. Haydi gelin, uçak kaptanını ziyaret edelim. Acaba o rüyasında ne görüyor?

Endlich hat es einmal geschneit im Affenland! Die ganze Affenbande ist aus dem Häuschen und macht Affentheater.
Als der Traum zu Ende ist, will Lulu noch mehr erleben. Kommt mit, wir besuchen den Piloten! In welchem Traum der wohl gelandet ist?

Kaptan uçtukça uçuyor. Dünyanın sonuna kadar, hatta daha uzağa, yıldızlara kadar. Bunu başka hiç bir uçak kaptanı başaramadı.
Rüya bittiğinde herkes çok yorgun ve daha fazlasını yaşamak istemiyorlar.
Ama son olarak aslan yavrusunu da ziyaret etmek istiyorlar. Acaba o rüyasında ne görüyor?

Der Pilot fliegt und fliegt. Bis ans Ende der Welt und noch weiter bis zu den Sternen. Das hat noch kein anderer Pilot geschafft.
Als der Traum zu Ende ist, sind alle schon sehr müde und wollen nicht mehr so viel erleben. Aber den Babylöwen wollen sie noch besuchen. Was der wohl träumt?

Yavru aslan evini özlüyor ve sıcacık, rahat yatağa dönmek istiyor. Diğerleri de.

Ve orada başlıyor...

Der Babylöwe hat Heimweh und will zurück ins warme, kuschelige Bett.
Und die anderen auch.

Und da beginnt ...

... Lulu'nun
en güzel rüyası.

... Lulus
allerschönster Traum.

Ulrich Renz • Marc Robitzky

Yaban kuğuları

Die wilden Schwäne

Çeviri:

Gizem Pekol (Türkçe)

Sesli kitap ve video:

www.sefa-bilingual.com/bonus

Şifre ile ücretsiz giriş:

Türkçe: **WSTR2927**

Almanca: **WSDE1314**

Ulrich Renz · Marc Robitzky

Yaban kuğuları

Die wilden Schwäne

Bir Hans Christian Andersen masalı

Türkçe   iki dilli   Almanca

Bir varmış, bir yokmuş. Evvel zaman içinde, kalbur saman içinde; pireler berber, develer tellal iken, ben annemin, babamın beşiğini tıngır mıngır sallar iken, az gittim, uz gittim, dere tepe düz gittim, birde döndüm baktım ki bir arpacık yol gitmişim.

Derken bir kralın oniki çocuğu varmış. Kardeşlerin onbiri erkek, en büyükleri ise Elisa isminde bir kız imiş. Hep birlikte çok güzel bir sarayda mutlu mesut yaşıyorlarmış.

Es waren einmal zwölf Königskinder – elf Brüder und eine große Schwester, Elisa. Sie lebten glücklich in einem wunderschönen Schloss.

Günün birinde anneleri ölmüş. Kısa zaman sonra kral başka bir kadınla evlenmiş. Ama yeni karısı aslında bir cadı imiş. Bu cadı onbir prensi kuğulara dönüştürüp onları çok uzak bir ülkenin derin ormanına yollamış.

Eines Tages starb die Mutter, und einige Zeit später heiratete der König erneut. Die neue Frau aber war eine böse Hexe. Sie verzauberte die elf Prinzen in Schwäne und schickte sie weit weg in ein fernes Land jenseits des großen Waldes.

Kızı da eski püskü giydirip yüzüne onu çirkinleştiren bir merhem sürmüş. Okadar çirkin olmuş ki babası onu tanıyamayıp sarayından kovalamış. Elisa karanlık ormana koşmuş.

Dem Mädchen zog sie Lumpen an und schmierte ihm eine hässliche Salbe ins Gesicht, so dass selbst der eigene Vater es nicht mehr erkannte und aus dem Schloss jagte. Elisa rannte in den dunklen Wald hinein.

Şimdi prenses öyle yalnız kalmış ki, kardeşlerinin hepsini kalbinin derinliklerinde çok özlediğini hisseder olmuş. Gece olduğunda kızcağız kendine ağaçların altında yosunlardan bir döşek yapmış.

Jetzt war sie ganz allein und sehnte sich aus tiefster Seele nach ihren verschwundenen Brüdern. Als es Abend wurde, machte sie sich unter den Bäumen ein Bett aus Moos.

Ertesi sabah durgun bir göldeki suda kendi yüzünü görüp çok korkmuş. Ama gölde yıkandıktan sonra güneşin altındaki en güzel prenses oluvermiş.

Am nächsten Morgen kam sie zu einem stillen See und erschrak, als sie darin ihr Spiegelbild sah. Nachdem sie sich aber gewaschen hatte, war sie das schönste Königskind unter der Sonne.

Günler sonra Elisa açık denize varmış. Dalgaların üstünde onbir tane kuğu tüyünün yüzdüğünü görmüş.

Nach vielen Tagen erreichte Elisa das große Meer. Auf den Wellen schaukelten elf Schwanenfedern.

Tam güneşin battığı anda gökten bir uğultuyla beraber onbir tane yaban kuğusu denize inmiş. Elisa büyülü kardeşlerini hemen tanımış. Ama kuğu dilini konuştukları için onların ne dediklerini anlayamamış.

Als die Sonne unterging, war ein Rauschen in der Luft, und elf wilde Schwäne landeten auf dem Wasser. Elisa erkannte ihre verzauberten Brüder sofort. Weil sie aber die Schwanensprache sprachen, konnte sie sie nicht verstehen.

Gündüzleri kuğular uzaklara uçup, geceleri mağaranın içine sığınarak, birbirlerine sarılıp uyuyorlarmış.

Bir gece Elisanın annesi rüyasına girmiş ve ona kardeşlerini nasıl bu büyüden kurtarabileceğini söylemiş. Herbirine ısırgan otundan birer gömlek örüp üzerlerine atmasını anlatmış. Bunu başarıncaya kadar hiçkimseyle konuşmaması şart imiş, yoksa kardeşleri ölecekmiş.
Elisa hemen örmeye başlamış. Isırgan otu ellerini çok kötü yaktığı halde, yorulmadan örmeye devam etmiş.

Tagsüber flogen die Schwäne fort, nachts kuschelten sich die Geschwister in einer Höhle aneinander.

Eines Nachts hatte Elisa einen sonderbaren Traum: Ihre Mutter sagte ihr, wie sie die Brüder erlösen könne. Aus Brennnesseln solle sie für jeden Schwan ein Hemdchen stricken und es ihm überwerfen. Bis dahin aber dürfe sie kein einziges Wort reden, sonst müssten ihre Brüder sterben.
Elisa machte sich sofort an die Arbeit. Obwohl ihre Hände wie Feuer brannten, strickte sie unermüdlich.

Bir gün uzaktan avcıların borazan sesleri gelmiş. Ve de kısa bir süre sonra karşısında prens ile birlikte olan avcılarla karşılaşmışlar. Gözgöze geldikleri anda, birbirlerine aşık olmuşlar.

Eines Tages ertönten in der Ferne Jagdhörner. Ein Prinz kam mit seinem Gefolge angeritten und stand schon bald vor ihr. Als die beiden sich in die Augen schauten, verliebten sie sich ineinander.

Prens, Elisayı kucakladığı gibi atın üstüne alıp onu kendi sarayına götürmüş.

Der Prinz hob Elisa auf sein Pferd und nahm sie mit auf sein Schloss.

Saraydaki güçlü vezir bu dilsiz güzelin gelmesinden hiç hoşlanmamış. Çünkü prensin kendi kızıyla evlenmesini istiyormuş.

Der mächtige Schatzmeister war über die Ankunft der stummen Schönen alles andere als erfreut. Seine eigene Tochter sollte die Braut des Prinzen werden.

Elisa kardeşlerini hiç unutmamış, her gece gömleklerini örmeye devam etmiş. Bir gece mezarlıktan taze ısırgan otu toplamaya gitmiş. Sarayın veziri, onu görüp takip etmiş.

Elisa hatte ihre Brüder nicht vergessen. Jeden Abend arbeitete sie weiter an den Hemdchen. Eines Nachts ging sie hinaus auf den Friedhof, um frische Brennnesseln zu holen. Dabei beobachtete der Schatzmeister sie heimlich.

Prensin ava gittiği bir gün vezir, Elisayı cadılıkla suçlayıp geceleri başka cadılarla buluşma bahanesiyle zindana attırmış.

Sobald der Prinz auf einem Jagdausflug war, ließ der Schatzmeister Elisa in den Kerker werfen. Er behauptete, dass sie eine Hexe sei, die sich nachts mit anderen Hexen treffe.

Gün ağarırken gardiyanlar Elisayı alıp pazar yerinde yakmak istemişler.

Im Morgengrauen wurde Elisa von den Wachen abgeholt. Sie sollte auf dem Marktplatz verbrannt werden.

Oraya tam vardıkları anda onbir beyaz kuğu birden meydana inmiş. Elisa alel acele, hepsinin üstüne birer gömlek atmış. O anda kardeşlerinin hepsi tekrar birer prens olarak karşısında durmuş. Ama kardeşlerinin en küçüğünün gömleği tam bitmediği için bir kolu kanat olarak kalmış.

Kaum war sie dort angekommen, als plötzlich elf weiße Schwäne geflogen kamen. Schnell warf Elisa jedem ein Nesselhemdchen über. Bald standen alle ihre Brüder in Menschengestalt vor ihr. Nur der Kleinste, dessen Hemd nicht ganz fertig geworden war, behielt anstelle eines Armes einen Flügel.

Daha kardeşleriyle sarılıp kucaklaşırken, prens geri gelmiş. Nihayet Elisa, prense her şeyi anlatabilmiş. Prens ise kötü veziri zindana attırmış. Sonrada prens ile Elisanın yedi gün yedi gece düğünleri yapılmış.

Ve sonsuza kadar mutlu yaşamışlar.

Das Herzen und Küssen der Geschwister hatte noch kein Ende genommen, als der Prinz zurückkam. Endlich konnte Elisa ihm alles erklären. Der Prinz ließ den bösen Schatzmeister in den Kerker werfen. Und dann wurde sieben Tage lang Hochzeit gefeiert.

Und wenn sie nicht gestorben sind, dann leben sie noch heute.

Hans Christian Andersen

Hans Christian Andersen 1805'te Danimarka'nın Odense şehrinde doğu ve 1875'te Kopenhagen'de vefat etti. "Küçük deniz kızı", "Imparatorun yeni kıyafetleri" ve "Çirkin Ördek" gibi masalları ile dünyaca ün kazandı. Karşınızdaki "Yaban Kuğuları" masalı ilk 1838'de yayınlandı. Ondan beri yüzden fazla dile çevrildi ve farklı sunum çalışmaları ile, mesela tiyatro, film ve müzikal şeklinde yeniden anlatıldı.

Barbara Brinkman, 1969'da Münih'de doğdu ve bavyeradaki alpdağların eteklerinde büyüdü. Münih'de mimarlık okudu ve şu an Münih Teknik Üniversitesin'de mimarlık bölümünde araştırmacı olarak görevli. Bunun yanında serbest grafik tasarımcısı, illustratör ve yazar olarak çalışıyor.

Cornelia Haas 1972'de, Ichenhausen, Augsburg yakınlarında (Almanya) doğdu. Münster yüksekokulunda tasarım okuyup mezun oldu. 2001'den beri çocuk ve gençlik kitapları için çizimler yapıyor ve 2013'ten itibaren Münster yüksekokulunda öğretim görevlisi olarak, akrilik ve dijital ressamlık alanında eğitim veriyor.

Marc Robitzky, 1973 doğumlu, Hamburg teknik sanatlar üniversitesinde ve Frankfurt görsel sanatlar bölümü mezunu. Aschaffenburg'da (Almanya) serbest illüstratör ve iletişimtasarımcısı olarak çalışıyor.

Ulrich Renz 1960'da Stuttgart'ta (Almanya) doğdu. Paris'te fransız edebiyatı ve Lübeck'te tıp okuyup bilimsel çalışmaları yayımlayan bir yayınevinin başkanı olarak çalışmaya başladı. Renz bugün bağımsız bir yazar, genel bilgi kitapları dışında çocuk ve gençlere yönelik kitaplar yazıyor.

Boyama yapmayı sever misin?

Hikayedeki resimleri boyamak için buradan indirebilirsin.

www.sefa-bilingual.com/coloring

www.ingramcontent.com/pod-product-compliance
Lightning Source LLC
LaVergne TN
LVHW070450080526
838202LV00035B/2789